Unidad 6

¿Cómo es?

Contenido

Dinero para ir al cine
por Graciela Cantale
ilustraciones de Liza Woodruff

Gregorio, el astronauta
por Julia Maldonado
ilustraciones de Ryan Durney

Las verduras perdidas

por Ming Chin Yee

ilustraciones de Diane Palmisciano

Las primeras verduras de esta primavera habían desaparecido. Eso era un gran problema. Alguien debía protegerlas. Según el habla popular, las verduras son un escudo contra las enfermedades.

—Por favor, Griselda, ¿me puede decir si vio las verduras? —preguntó Graciela.

—No. Las he cuidado durante meses —dijo Griselda.

Graciela y Griselda miraron por todas partes. Solo vieron un árbol y un muro grueso. Así que presintieron que algo desagradable había pasado. El presentimiento les hizo sentir vértigo.

Graciela sacó su lupa. Practicó su profesión de detective. Alguien había dejado huellas por todos lados. A Graciela le encantaba buscar y comer verduras. Lo que no le gustaba era la carne. Tuvo un buen presagio.

Fue al río y vio un árbol, así que se subió sin pensarlo. Pero volvió a sentir vértigo y Graciela se cayó. Griselda le hizo el favor de ayudarla. El agua del río calmó a Graciela.

Miraron más allá del muro que servía de escudo contra el viento. Dos niños habían rescatado las verduras. Y aunque los niños preferían carne, todos bebieron sopa de verduras. ¡Tenían provisiones para muchos meses!

Los pasteles saludables de don Blas

por Celia Millán

ilustraciones de Janet Nelson

Don Blas tiene un salón muy amplio de comidas frente a la plaza. Trabaja totalmente aislado, sin distracciones, y le encanta satisfacer a sus clientes con buenos productos. Aunque tiene buena salud, a veces le duele el brazo. Pero don Blas aprovecha bien su energía.

El día de don Blas es largo. Es posible verlo hasta tarde platicando plácidamente con la gente. No se siente cansado. Por el contrario, se le ve muy animado. Siente placer cuando está en medio de un grupo de personas.

Una tarde, un niño le pidió alimentos blandos y energéticos. Don Blas entendió "elementos" y los dos se rieron largo rato hasta casi reventar. Don Blas estaba totalmente seguro de que podría satisfacer el pedido del niño, y tras mostrarle la amplia gama de pasteles, le dio lo que pedía.

Un día, el niño fue con un amigo a platicar con don Blas. Al contrario de lo habitual, la puerta estaba cerrada. Don Blas estaba allí, aislado, en medio de su cocina, planeando un pastel nuevo.

El pastel se veía saludable. Cada elemento había sido minuciosamente seleccionado. Don Blas trabajaba duro y ya no le dolía el brazo. Les dio pastel a los niños y ellos se despidieron totalmente encantados.

Visita a la nave

por Sergio Foscale

ilustraciones de Dianne Greenseid

Flavia quería viajar millones de millas. Siempre tomaba notas y hacía copias de toda la información útil sobre los planetas que se pueden sostener a flote en el espacio. Flavia soñaba con tener una base espacial de primera clase en algún terreno no lejos de su casa.

Sus amigos Florencia y Claudio tenían mucha información sobre lugares cercanos. Cuando el clima era inclemente y los picos de las montañas estaban nevados, se quedaban en el interior de la casa de Flavia para tomar millones de notas. Ellos también querían viajar al espacio.

Un día fueron a una base espacial junto a unas montañas de picos redondeados. Allí había una nave enclavada en el terreno. ¿Habría algún astronauta perdido? Fueron a ver qué había en el interior de la nave.

Había un astronauta simpático, y no parecía estar perdido. Había viajado un montón de millas por el espacio, intentando sostener en equilibrio el equipo de comando de la nave. Recién regresaba de unos planetas cercanos, donde había visto un eclipse.

El astronauta y los niños se hicieron grandes amigos. Intercambiaron copias de sus números de teléfono. Con el tiempo, podrían formar un club para viajar a otros planetas. Incluso podrían colocar flecos en las naves.

Dinero para ir al cine

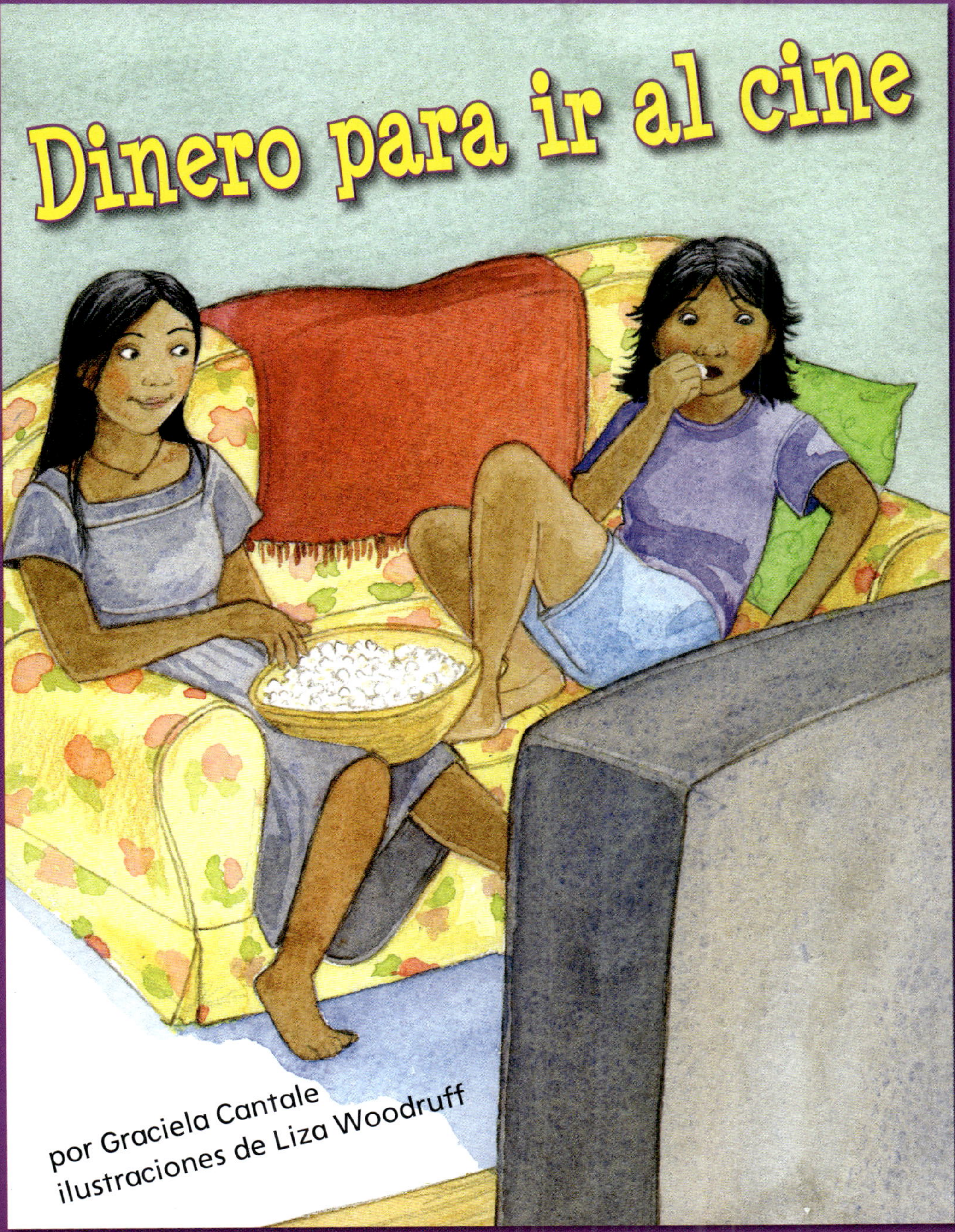

por Graciela Cantale
ilustraciones de Liza Woodruff

A Glenda y a Xitlali les gusta el cine.

—Los artículos del periódico anuncian películas muy interesantes —dijo Glenda.

—¡Vayamos el sábado a la salida de la clase de atletismo! —añadió Xitlali.

Esa noche, antes de ir a una fiesta, las niñas leyeron los artículos periodísticos.

—Hay muchas películas —analizó Glenda—. Anuncian una de un rey, otra de un hombre que puede adelantar el tiempo... Pero se hacía tarde y se apuraron para vestirse con ropa de fiesta.

Al día siguiente, se dieron cuenta de que no tenían dinero para ir al cine. E incluso escucharon que anunciaban una película de gladiadores y otra de un naufragio en el océano Atlántico. Glenda propuso preparar comidas para vender en el vecindario. Sería un trabajo digno y encontrarían una salida al problema.

Para adelantar los resultados antes de salir a vender, Xitlali probó los alimentos. Estaban sabrosísimos. Glenda analizó la situación. Con el dinero que ganaran podrían ver varias películas y comprar un atlas y un globo terráqueo.

El resultado de la venta fue un éxito digno de recordar. Vieron la película del rey y la del hombre que podía adelantar el tiempo. E incluso pasearon por un prado. Hicieron muy buen uso del dinero.

Gregorio, el astronauta

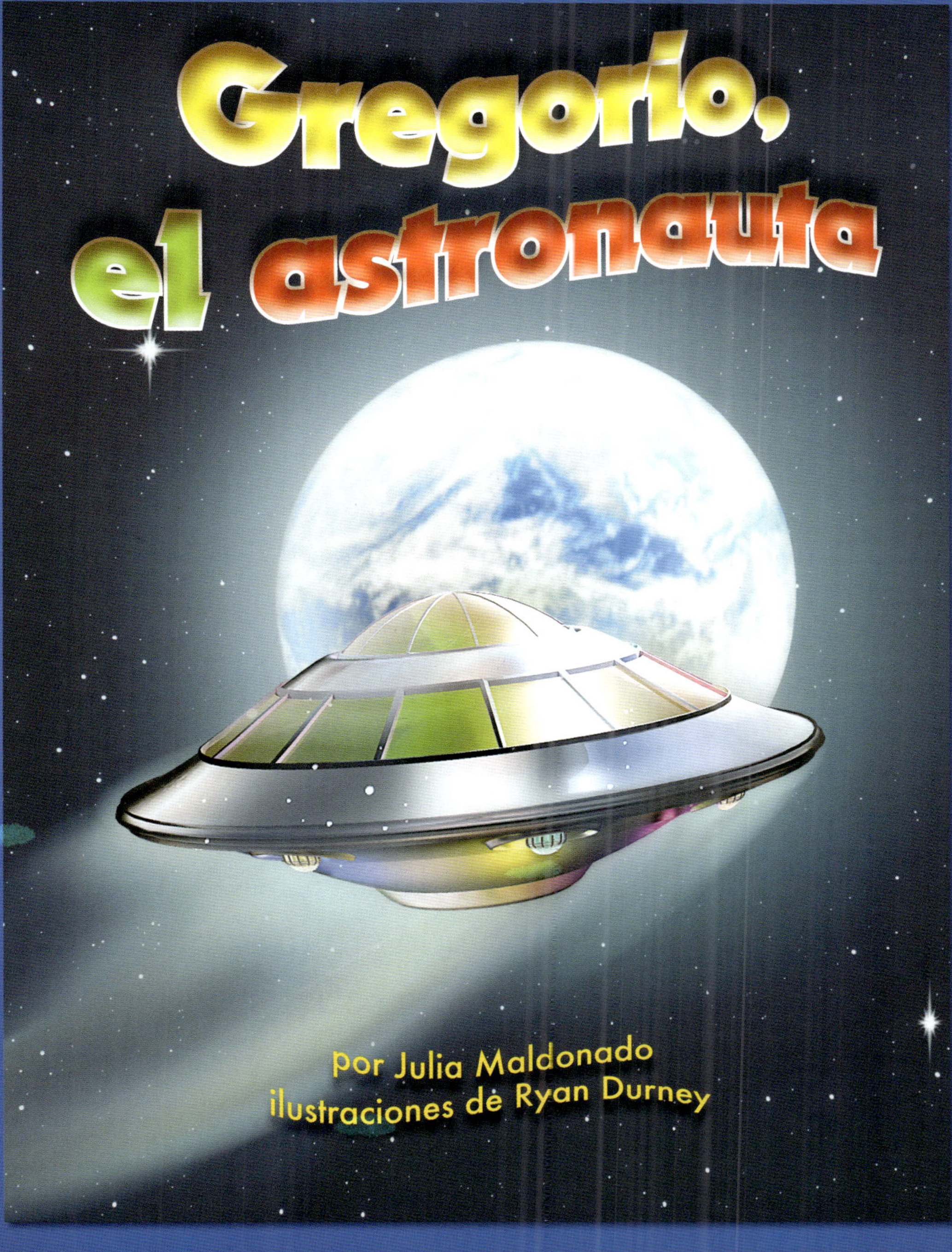

por Julia Maldonado
ilustraciones de Ryan Durney

Cuando se quedaba solo en su habitación, Gregorio se imaginaba que era astronauta. Trataba de ejercer dominio sobre sus ideas, y dejaba que su mirada se perdiera en los lindos matices del cielo nocturno.

Podía determinar que la sensación de ver el cielo nocturno no era nada triste. Aquel momento en que contemplaba la inmensidad no era trágico, ni mucho menos. La pureza del momento era como comer un pastel muy rico.

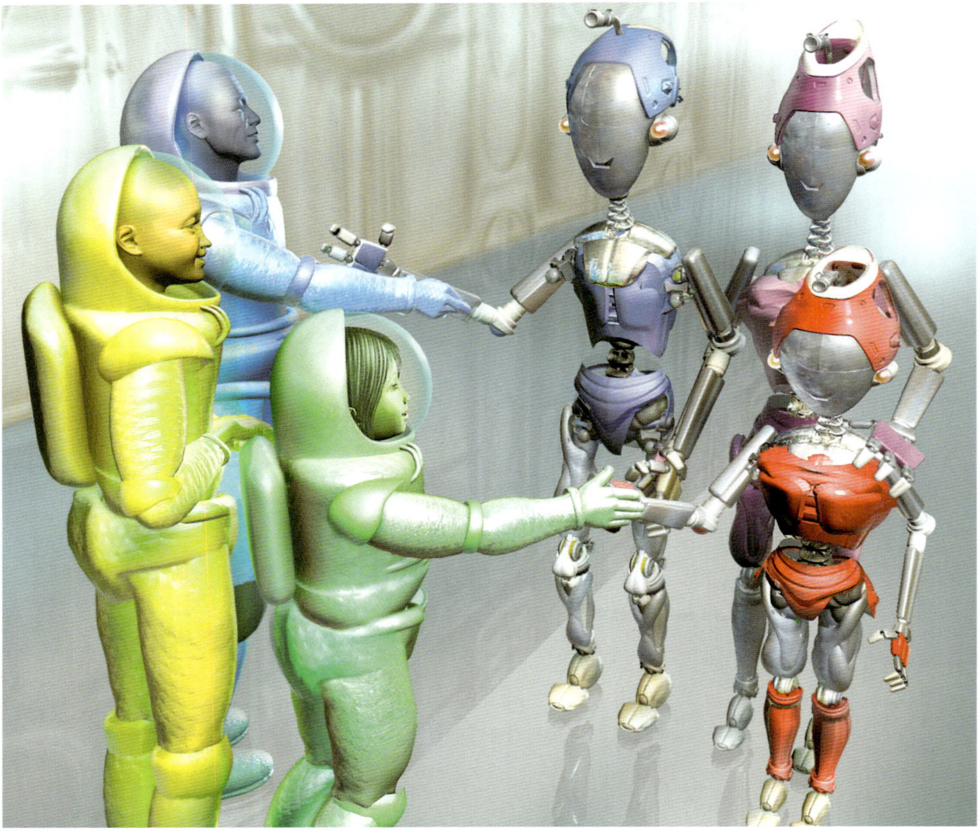

Gregorio soñaba con entrar en la habitación de una linda nave espacial y saludar a los extraterrestres. En aquel sueño, la gravedad no podía ejercer su fuerza. ¡Era una sensación tremendamente agradable!

Luego, todavía en el sueño, Gregorio y sus amigos saboreaban un rico almuerzo con granos de trigo, y trabajaban para mantener a punto la nave. Era importante cuidar la pureza del aire en el interior de la nave.

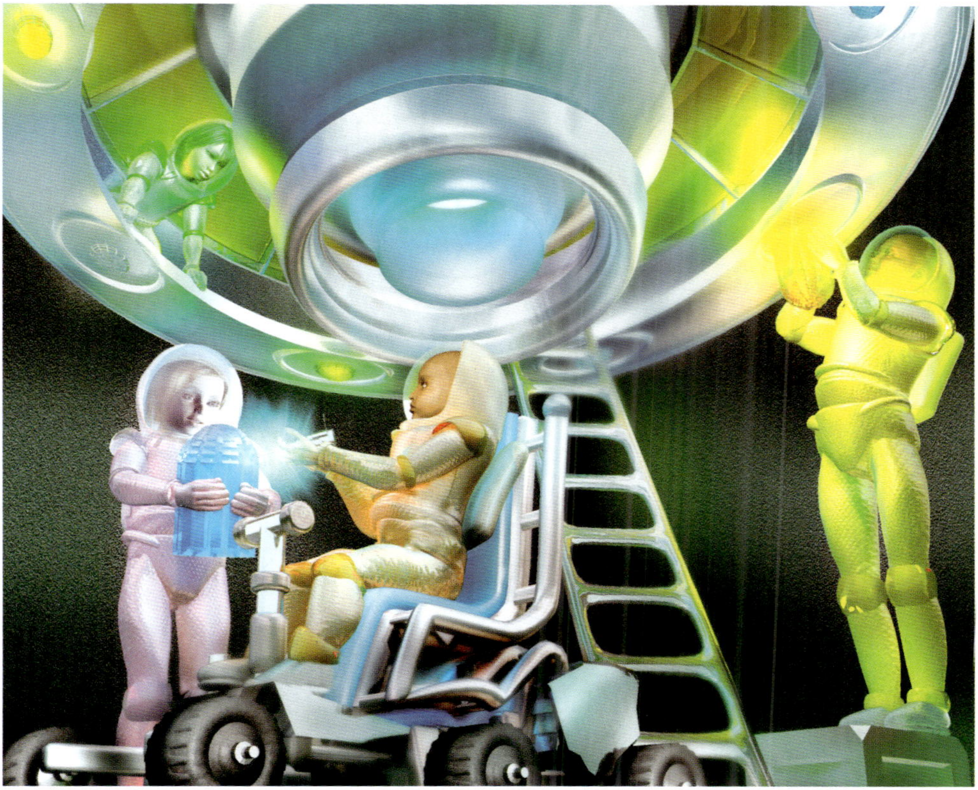

Al despedirse los extraterrestres, Gregorio no quitaba la mirada de los matices grises, rojos y azules de la nave que se alejaba. Después, se dormía sobre su grueso colchón y seguía soñando con gran felicidad.

Unidad 6: ¿Cómo es?

Semana 1: Las verduras perdidas *página 1*

para leer con *La flor del ceibo* **NÚMERO DE PALABRAS: 183**

PALABRAS CON GR, PR

desagradable, grueso, practicó, preferían, presagio, presintieron, primavera, primeras, problema, profesión

PALABRAS DE USO FRECUENTE

alguien, árbol, así, carne, favor, meses, miraron, muro, escudo, vértigo

Semana 2: Los pasteles saludables de don Blas *página 7*

para leer con *Energía sobre ruedas* **NÚMERO DE PALABRAS: 171**

PALABRAS CON BL, PL

amplia, amplio, blandos, placer, plácidamente, planeando, platicando, plaza, posible, saludable

PALABRAS DE USO FRECUENTE

aislado, amplio, brazo, contrario, elemento, hasta, largo, medio, satisfacer, totalmente

Semana 3: Visita a la nave *página 13*

para leer con *Equipos de buceo* **NÚMERO DE PALABRAS: 204**

PALABRAS CON CL, FL

clase, Claudio, clima, club, eclipse, enclavada, flecos, Florencia, flote, inclemente

PALABRAS DE USO FRECUENTE

cercanos, copia, información, interior, millones, notas, perdido, picos, sostener, terreno

Semana 4: Dinero para ir al cine *página 19*

para leer con *La vida de un billete de dólar* **NÚMERO DE PALABRAS: 204**

PALABRAS CON GL, TL

Atlántico, atlas, atletismo, gladiadores, Glenda, globo, Xitlali

PALABRAS DE USO FRECUENTE

adelantar, analizó, antes, anuncian, artículos, hombre, digno, películas, rey, salida

Semana 5: Gregorio, el astronauta *página 25*

para leer con *"Acuarela"* **NÚMERO DE PALABRAS: 177**

PALABRAS CON TR

astronauta, entrar, extraterrestres, trabajaban, trágico, trataba, tremendamente, trigo, triste

PALABRAS DE USO FRECUENTE

aquel, determinar, ejercer, habitación, lindos, matices, mirada, pureza, rico, sensación

PALABRAS DE USO FRECUENTE APRENDIDAS HASTA LA FECHA

Grado K
al
con
dice
dónde
el
ella
en
es
está
este (adj)
familia
grande
gusta
hace
hago
hay
juego (v.)
la
más
mira
muy
nuevo
para
pequeño
pero
por
puedo
qué
quién
sin
soy
también
tengo
tiene
un
vamos
veo
voy
y
yo

Grado I
abrir
aceptar
actividad
agua
ahí
aire
algunos
allá
ambos
amigo
años
aprender
aquí
aspecto
atrás
aunque
ayuda
baja
bien
blanco
bueno
camino
campo
cantar
carácter
casa
casi
cerca
ciudad
clase
color
comer
como
completo
correr
crear
cualquier
cuando
cuanto
cuatro
cuerpo
cumplir
decidieron
dentro
después
diez
diferente
difícil
doctor
dos
durante
edad
embargo
empezar
encima
encontrar
entonces
entre
escribe
escuchar
escuela
esfuerzo
estoy
estudio (sust.)
existen
explicar
flores
frente
grupo
gusto
hablar
habrá
hacia
hoy
iguales
importante
juguemos
juntos
larga
lector
libertad
libro
llamar
lograr
luego
luz
madre
maestro
manera
mañana
mejor
mientras
mover
muchos
muestro
nada
nadie
niño
nombre
nuestro
obra
obtener
ocho
ofrece
otro
padre
palabra
pan
parque
piensa
podrás
porque
pregunta
presentar
primero
principal
principio
problema
pronto
propio
proponer
próximo
pueblo
puede
pues
que (cj.)
quien
quiere
quiero
quizá
reunir
río
saltar
saluda
seguir
siempre
siglo
sobre
sube
suelo
tampoco
tan
tiempo
tierra
todavía
todo
trabajo
trae
través
tres
varios
vez
vieja
vivir
voz
ya

Grado 2
abajo
abuelo
acabó
adelantar
adelante
además
ahora
aislado
alas
alegría,
algo
alguien
algún
alimento
allí
alto
aman
amplio
analizó
ancho
andará
animales
antes
anuncian
apenas
aquel
árbol
arrojar
artículos
artista
así
atención
atraviesa
autobús
aves
azul
bajo
bebidas
bella
bicicleta
bote
brazo
busca
cabeza
cada
cae
caer
calle
calor
caminar
canto (sus.)
cargan
carne
carrera
carro
causa
centro
cercanos
cereales
cerrada
cielo
cierra
clara (adj.)
coincidimos
coloca
comienzan
conducía
conocer
construyen
contra
contrario
copia
corazones
cortarse
cosas
costa
de (prep.)
delicado
demás
demasiado
demuestra
desayuno
desde
desea
desierto (sus.)
despierta (v.)
determinar
día
dificultad
digno
directo
dirigir
disfrutar
distintos
dulce
dura
durar
echa
ejercer
elemento
empleados
entera
entrada
enviaré
escritor
escudo
eso
especial
espera (v.)
espléndido
estrellas
evita
favor
felices
fiesta
formar
frase
fresca
fría
fruta
fuego
galletas
gente
guardar
habitación
hambre
hasta
hermana
hija
hizo
hojas
hombre
horas
huevos
hundió
imposible
incluso
información
interés
interior
jamás
joven
jugando
junto (adv.)
juzgar
labios
lado
largo
le (pron.)
leen
levantar
lindos
lleno
llevan
lo (pron.)
luchan
maíz
mamá
manos
mantendrán
manzanas
matices

mayor
mayoría
mediante
médicos
medio
menores
menos
mensaje
mesa
meses
metal
mezclar
miel
mil
millones
mirada
miraron
mismo
modos (sus.)
montañas

mujeres
muro
negros
nieve
ninguno
no
noches
nosotros
notas
o (conj.)
ocupar
ojo
orden
organizar
oscuro
oye
padres
papá
papel
par

parece
pared
parte
pasa
paseo (sust.)
pasó
pastel
películas
pena
pensó
peras
perdido
personas
pesado
picos
piedra
piel
pies
pintar
plan

plantas
plástico
platos
plumas
pocas
ponen
posible
práctica
precioso
precioso
premio
presencia
profundo
profundo
prueba
prueba
público
puerta
punto
pureza

rápidamente
rato
recuperar
repetir
responder
rey
rico
rodea
rojo
ropa
rostro
saben
sale
salida
salud
satisfacer
seguramente
seguro (adj.)
semana
sensación

sentimientos
señora
si (conj.)
siete
siguiente
silencio
sirven
sol
solito
sombra
sostener
su
suave
suele
sueño
suerte
supuesto
tarde
temo
terreno

terrible
tipo
toca
toman
tonos
tortas
totalmente
trabajar
una (nº)
usar
ven (venir)
ventanas
verano
verdad
verde
vértigo
vida
vidrio
visiten
volver

DESTREZAS DE DESCODIFICACIÓN ENSEÑADAS HASTA LA FECHA

Palabras con *m;* palabras con *p;* palabras con *t;* palabras con *l;* palabras con *s;* palabras con *d;* palabras con *n;* palabras con *v;* palabras con *b;* palabras con *f;* palabras con *rr;* palabras con *r* y sílabas cerradas con *r; palabras con h;* palabras con *ge, gi, j;* palabras con *ca, co, cu, k, que, qui;* palabras con *y, ñ;* palabras con *ch;* palabras con *ll, w;* palabras con *cl;* palabras con *cr;* palabras con *ga, go, gu, gue, gui;* palabras con *ce, ci, za, zo, zu;* diptongos *ai, au, ay, ei, eu, ey, oi, oy;* diptongos *ia, ie, io, iu, ua, ue, ui, uy;* palabras con *tr;* diéresis: *güe, güi;* palabras con *bl;* palabras con *br;* palabras con *pl;* palabras con *pr;* palabras con *i, x* como *j;* palabras con *mb, mp;* palabras con *nn, nm;* palabras con *x,* la *x* como *j;* palabras con *cc, x;* diptongos, hiatos naturales; palabras con hiatos con acento ortográfico; palabras que terminan en *z, s;* palabras con *dr;* palabras con *fr;* palabras con *gr; palabras con cl, fl;* palabras con *gl, tl.*